Fragments of an afternoon

María Victoria Carreño Montás

Book of Poems

Fragmentos de una tarde

Order this book online at www.trafford.com
or email orders@trafford.com

Most Trafford titles are also available at major online book retailers.

Printed in the United States of America.

ISBN: 978-1-4251-8865-8 (sc)

Trafford rev. 06/01/2011

 www.trafford.com

North America & International
toll-free: 1 888 232 4444 (USA & Canada)
phone: 250 383 6864 ♦ fax: 812 355 4082

Title / Título:
Fragments of an afternoon
Fragmentos de una tarde

Author / Autor:
María Victoria Carreño Montás
anincarreno@hotmail.com

Original English translation / Traducción original en inglés:
Ivelisse D. Arias, B.A.

Editors / Editores:
Paul R. Lonigan, Ph.D.
Silvia Mugnani, B.A.
Nederland Fulgencio, B.A.

Cover designer / Diseñador de portada:
Etzely Báez

Cover photographer / Fotógrafo de portada:
Sarah Henry

Interior design / Diseñador de interior:
Sarah Alcántara Carreño

First edition in Spanish / Primera edición en español:
2004

Bilingual edition / Edición bilingüe:
2011

About the Author / Sobre la Autora

María Victoria Carreño Montás was born in San Cristóbal, Dominican Republic in 1956. She graduated from Queensborough Community College in 1991, and Queens College in 1995. Currently, Carreño Montás lives in Cambita, San Cristóbal, Dominican Republic where she is in charge of a Reading Center for children 0-6 years old.

———————

María Victoria Carreño Montás nació en San Cristóbal, República Dominicana en 1956. Es graduada de Queensborough Community College en 1991 y de Queens College en 1995. Actualmente, Carreño Montás vive en Cambita, San Cristóbal, República Dominicana, donde dirige un Centro de Lectura para niños de 0-6 años.

To my family and friends

———————————

A mi familia y amigos

Acknowledgements

Paul R. Lonigan, Ph.D.,
Professor Emeritus at Queens College
of the City University of New York,
for having created unique configurations
based on the original format
of some of my poems.

I would like to thank Ivelisse D. Arias
for her enthusiasm and dedication shown
in the original translation of this book.

A special thanks to
Silvia Mugnani, Nederland Fulgencio,
Roosvelt Montás, Etzey Báez and Sarah Alcántara
for their support and collaboration of the
production of this book.

Reconocimiento

Paul R. Lonigan, Ph.D.,
Catedrático Emeritus de Queens College
the City University of New York,
por haber creado configuraciones únicas
basadas en el formato original
de algunos de mis poemas.

Quiero agradecer a Ivelisse D. Arias
por su entusiasmo y dedicación mostrados
en la traducción original de este libro.

Especial mención a
Silvia Mugnani, Nederland Fulgencio,
Roosvelt Montás, Etzely Báez y Sarah Alcántara
por su apoyo y colaboración en la
producción de este libro.

Contents

Contenido

Contents (continued)

Contenido (continuación)

About the book

This book is a window in which the parameters of the reason get broken up to allow us to enter a world of dreams that leads us inside ourselves. An exquisite poet like María Victoria, essentially inclined to sing the great-small things of her homeland, has in her hands an arch of madness and dreams addressed to those who know that we are not a nation of gondolas, swans and storks but a nation of fishing boats, mangoes, and guavas.

Dr. Sócrates Barinas Coiscou

María Victoria offers a poetry without superfluous ornaments, inspired in daily life and experiences that remind us of Bradley: "One of the effects of poetry should be to give us the impression of remembering something forgotten and not of discovering something new"... with simplicity and frankness, without lewdness, but rather with innocence.

Tomás Espinal Rivera

It is a simple and clear expression, without hiding or disguising. It is easy for us to identify with the luminous world presented in this book.

Blanca Kais Barinas

Sobre el libro

Este libro es una ventana donde los parámetros de la razón se quiebran para dejarnos entrar a un ámbito de sueños y llegar al interior de uno mismo. Una poetisa exquisita como María Victoria, inclinada esencialmente a cantar las pequeñas-grandes cosas del terruño, tiene entre las manos un arco de locuras y sueños para lanzarlo a quienes saben que no somos una nación de góndolas, cisnes y cigüeñas, sino de yolas, mangos y guayabas.

Dr. Sócrates Barinas Coiscou

Empieza a divulgar su poesía sin ornamentos superfluos, inspirada en aspectos cotidianos, vivenciales que nos hacen recordar a Bradley: "Uno de los efectos de la poesía debe ser darnos la impresión, no de descubrir algo nuevo, sino recordar algo olvidado"… con sencillez y franqueza, sin lubricidad, más bien con inocencia.

Tomás Espinal Rivera

Es un decir sencillo y claro sin esconderse ni disfrazarse, se nos hace fácil identificarnos con ese mundo diáfano que nos presenta en este libro.

Blanca Kais Barinas

Poetry has the intricate power of the simplicity it describes; it is passionate; it narrates, intrudes, and flies away, leaving us with the pleasant flavor of a poetic style based on the power of its own sensibility. The work of the author restores her life and transforms her voice in an accent adorably fragile, delicately dense, admirably quotidian.

José Rafael Sosa

Among the Celtics it is said that "A day and a night constitute the entire world." It is no less for *Fragments of an Afternoon.*

Dr. Paul R. Lonigan

La poesía tiene el complejo poder de la sencillez que describe, apasiona, narra, interviene y levanta vuelo, dejándonos con el agradable sabor de una poética fundamentada en el poder de su sensibilidad. Su obra reivindica su vida y transforma su voz en un acento adorablemente frágil, delicadamente denso, admirablemente cotidiano.

José Rafael Sosa

Entre los celtas se dice que "Un día y una noche son el mundo entero." No es menos para *Fragmentos de una tarde*.

Dr. Paul R. Lonigan

Introduction

To the right the sun was bidding farewell
spying eyes nowhere to be seen
the other no longer with her
its slumber dying
its skin vanishing with the feverish sun
escaping from its setting
an embrace was not enough
a kiss was multiplied by days by nights
Januarys and moons
—I swear that I regret his absence— she mumbled
stillness losing their names helplessly
while the static Muse gradually recovered
her movements
exchanged her garments for the nakedness of a reptile
frivolous and scatterbrained
what was exquisite in her surroundings becoming
indescribable serene magical
there was no time to search its traces
there was no sanity
everything was available nothing was hidden
the noisy hangover caught them
in the act—where I am?— she screamed
her intoxicated opacity such that
she could not find herself nor could she realize
she had been part of the story
…and the next morning
one could see floating in the sun
fragments of that afternoon…

Introducción

*E*l sol se despedía por la derecha
no se avizoraban ojos por ningún espacio
el otro ya no estaba con ella moría su letargo
su piel se esfumaba con el sol que escapaba
febril de su puesta
un abrazo no bastaba
un beso se multiplicaba por días por noches por
eneros y lunas
—te juro que lamento su ausencia— murmuraba
la quietud perdía sus nombres sin remedio
mientras la Musa estática recobraba por partes
sus movimientos
cambiaba sus vestidos por la desnudez de un reptil
frívola y casquivana
lo exquisito en su entorno se volvía
indescriptible mágico sereno
no había tiempo para buscar su rastro
ni existía la cordura
todo estaba disponible nada se ocultaba
llegaba bulliciosa la resaca sorprendiéndolos
en el acto—¿en dónde estoy?— gritaba
su ebria opacidad era tal
que no podía encontrarse a sí misma
ni pudo darse cuenta de que fue parte de la historia
…y a la mañana siguiente a través del sol
se veían flotar
los fragmentos de aquella tarde…

Crazed muse

When there were no wombs
it was gestating with the embryo
when its eyes had not yet been created
it could see
when words were not yet used
it could confess
when it didn't run through the veins
it lay within ideas
beginning at the origins
before the oceans came to exist

She was

Obeying
the Word
She saw the light
believing its Truth
She dwelled among equals
sane shining optimist
among equals
innocent more than naïve
She blindly believed
She lived among equals…

Musa enloquecida

Cuando no había vientres
se gestaba junto al embrión
cuando sus ojos no habían sido creados
podía ver
cuando no se utilizaban los vocablos
se confesaba
cuando no corría por las venas
yacía en las ideas
empezando en los orígenes
cuando aún no existían los océanos

Era

Obedeciendo
a la Palabra
vio la luz
creyendo a su Verdad
habitó entre sus iguales
cuerda diáfana optimista
entre sus iguales
inocente más que ingenua
creyó ciegamente
que vivía entre sus iguales…

Unable to understand justice:
the stains on the archives
revealing a travesty lie
in the law courts
Blood
Blood
in the secrets of State
in presidential decrees

Blood
on pavement
in university lectures
that rolled along the ground

Blood
in the call of abduction
in the sleeping childhood

Blood
on the crucifix
on what is sanctified

Blood
on the hands of the Sent One
in the thermal springs

Blood
in the baptismal waters
in the machines that manufacture intellectuals

No pudo entender de la justicia:
las manchas en los folios
exhibiendo una mentira travestida
en el estrado
Sangre
Sangre
en los secretos de Estado
en los decretos presidenciales

Sangre
en las aceras
en las cátedras
que rodaban por los suelos

Sangre
en la llamada del secuestro
en la niñez dormida

Sangre
en el crucifijo
en lo santificado

Sangre
en las manos del Enviado
en las fuentes termales

Sangre
en las aguas bautismales
en las máquinas de hacer intelectuales

Blood
in the scenery

Though the time was not ended
the flight of all
that was sickening
and foul-smelling was imminent

They seemed irrevocable:
the bars
the dizziness
the hospital
the entourage
there was no more joy
in the pages or in the ballot-box
conscience was wavering
everything
was corrupted

She fled to the bowels of the earth
and digging out the past discovered
bloodied roots
—The Muse has been crying
for three days
She looks depressed
strange

—Don't talk to her about forgiveness
no one wants to ask for it

Sangre
en el paisaje

Sin haber terminado el tiempo
era inminente la fuga
de todo aquello nauseabundo
y maloliente

Parecían irrevocables:
los barrotes
el vértigo
el hospital
el cortejo
ya no había alegría
en las páginas ni en las urnas
la conciencia fluctuaba
todo
estaba contaminado

Se trasladó a las entrañas de la tierra
y al remover el pasado
encontró ensangrentadas
sus raíces
—La Musa llora
desde hace tres días
luce deprimida
extraña

—No le hablen de perdones
nadie quiere pedirlos

It's too late
She can't hear
and She looks disturbed

—Cover her face
dressed in black
She must be confined

The Muse has gone mad!

Her omnipresence was the cause
of the disorder

Believing that She dwelled among equals
She wished a return to the past
happy innocent sane

When She wanted to return
She had turned to flesh

The Muse has been confined!

But:
"The Word Has Never Been Imprisoned!"

Ya es tarde
no oye
además se ve perturbada

—Cúbranle la cara
vestida de negro
debe ser confinada

¡La Musa ha enloquecido!

Su omnipresencia fue la causa
de su trastorno

Creyó que vivía entre sus iguales
quiso regresar a su pasado
cuerda feliz inocente

Cuando quiso regresar
se había hecho carne

¡La Musa ha sido confinada!

Pero:
"¡Nunca Ha Estado Presa La Palabra!"

Anger of the sea

*I*f you only knew what a Conch says
when the Sea is angry

For instance yesterday:
the last notes of the Aurora
escaped with the Harp
and the D- Minor serenade was ruined

Intimate friends
didn't listen to
the songs
of Besos del Amor

According to a Conch:
the Sea has silenced the murmur of the waves
the passion of its ripples has withdrawn
it doesn't exchange glances with the Sky

Ohhh!
The Sea is angry

El enojo del mar

Si supieras lo que dice el Caracol
cuando el Mar está enojado

Por ejemplo ayer:
las últimas notas de la Aurora
se fugaron con el Arpa
la serenata en Do Menor le estropearon

Sus íntimos amigos
no escucharon
las canciones
de los Besos del Amor

Según el Caracol:
el Mar ha silenciado el murmullo de sus olas
la pasión de sus ondas ha ocultado
ni siquiera se mira con el Cielo

¡Uy!
El Mar está enojado

Encounter

Memory wandered aimlessly
in a fruitless search for itself

She found its eyes
on the cleft rock

She heard its name on the crack of the kiss
of the twilight on the waves

She found its face
scattered in the afternoon silhouette

She liked its laughter
murmur of the wind

Understood its language
pick out its boat among the yellow mangroves

They undertook the journey
and disappeared among the midst of sea and sky

Encuentro

Deambulaba la memoria sin recuerdos
buscaba su retorno inútilmente

Encontró sus ojos
en la peña rasgada

Escuchó su nombre en el chasquido del beso
del crepúsculo a las olas

Descubrió su rostro
esparcido en la silueta de la tarde

Le gustó su risa
murmullo del viento

Entendió su lenguaje
divisó su barca entre mangles amarillos

Emprendieron el viaje
se perdieron entre las brumas del cielo y el mar

Caribbean Mulattoes

Tanned neck, Creole flavored
sweet faces of mulatto eyes
mestizo glances

Molasses and ambers
exquisite musks
in blackened pot

Exotic mixture
maroon kisses seductive pearls
thick beehive hair
irresistible sighs delicious natives

Burning summers
restless loins
in sheets of salt

Wild nudes
drunk with the sun

Mulatos Caribe

Cuello bronceado sabor criollo
dulces rostros de ojos mulatos
mirares mestizos

Almíbares y ámbares
almizcle exquisito
en *paila prieta*[1]

Exótica mixtura
besos morenos perlas seductoras
cabellos viscosos nidales de abejas
suspiro irresistible nativos sabrosos

Veranos ardientes
vientres inquietos
en sábanas de sal

Silvestres desnudos
borrachos de sol

[1] *paila prieta: olla negra por intensa exposición al fuego*

Happiness like daylight

The day was all laughter
we heard the twilight roaring with laughter
he laughed with me and I laughed with him
goodbye I will see you tomorrow…

At the dawn the sun
embraced me filled with gladness
my dormant innocence sprouting
my happiness like the daylight
radiant my beauty looked out and
my love to love the entire world

How wonderful to love! I loved
How wonderful to live! I lived

My voice sweetened the tea
the humblest shack was a palace
sweet fruits the stones on the path
his laughter mine his eyes too
his rosy cheekbones stained my heart with sky-blue

His lips inflamed by the breeze
would captivate me
his strong hand clutching my hair
together in the soft afternoon
we heard the twilight roaring with laughter
we promised to see each other tomorrow
and at the crack of dawn we were saying goodbye…

Felicidad como los claros del día

El día era todo risas
escuchábamos del crepúsculo sus carcajadas
se reía conmigo y yo con él
adiós te veré mañana...

Cuando amanecía el sol
me abrazaba saturado de alegría
brotaba mi inocencia que dormía
mi felicidad como los claros del día
radiante asomaba mi belleza y
el amor para amar a todo el mundo

¡Qué lindo es amar! amaba
¡Qué lindo es vivir! vivía

Mi voz endulzaba el té
el más humilde rancho era un palacio
frutas dulces las piedras del camino
su risa mía sus ojos también
sus pómulos rosados teñían mi corazón de azul celeste

Sus labios exacerbados por la brisa
me cautivaban
su mano fuerte mi pelo entrelazaba
y juntos en la tarde risueña
escuchábamos del crepúsculo sus carcajadas
nos prometíamos vernos mañana
y al rayar el alba nos decíamos adiós...

Bamboo flower

You have no sorrows
no one has told you
he's gone…

I'd like to be
like
you

You don't wait for anybody
you sleep through the night

Oh, Flower!
you don't daydream
you don't cry in your sleep

Salty little cloud flirtatious and aloof
the sun looks at you sleepily
you cast a sidewards glance
you do not kiss him

Bamboo flower
I'd like to be
like
you

You show yourself
only
on Holy Week

Flor del bambú

No tienes penas
no te han contado
él se ha ido…

Quisiera ser
como
tú

No esperas por nadie
duermes tu noche

¡Oh, Flor!
no sueñas
no lloras dormida

Nubecita de sal esquiva coqueta
el sol te mira adormilado
le miras de lado
no te besas con él

Flor del Bambú
quisiera ser
como
tú

Sólo
te dejas ver
en Semana Santa

That's me

I am not a woman
of silks and herbal teas

I am a woman who loves
her moons and springs

Yes Sir
that's me

Silhouette

*I*f you only wanted to, Silhouette,
you'd look into my eyes without blinking
don't cry over that
if you only wanted to, you'd laugh with me
until the last symphony
if you only wanted to without ironies
we would see all the springs arrive
that you go that you don't pass away that you don't die
far from my return
that your whims ignore you
that your black suit not be so luxurious

Esa soy

No soy la mujer
de tisanas ni de sedas

Soy la mujer que ama
sus lunas y primaveras

Sí Señor
ésa soy

Silueta

Si tú quisieras, Silueta,
me mirarías a los ojos sin pestañar
no llores por eso
si tú quisieras reirías conmigo
hasta la última sinfonía
si quisieras sin ironías
veríamos llegar todas las primaveras
que vayas que no fallezcas que no te mueras
lejos de mis regresos
que tus caprichos te ignoren
que tu traje negro no sea tan lujoso

Mute Sunday bells

I will climb the steps that you descended

I will count the hours
of my life

I will walk down the mountains
you scaled
I will wonder the paths
you traveled

I will see autumns
fall from leaves
I will touch the sadness you felt

I will draw the dusty curtains
of forbidden rooms

Your faces will be lit
in phases of the moon

I will shout your names
from the top of the world
like mute Sunday bells

I will enter your life
you will exit mine
like the rays of the sun of the ocean waters

Campanas mudas de domingos

Subiré los peldaños que bajaste

Contaré las horas
de mi vida

Bajaré las montañas
que escalaste
vagaré por los caminos
que anduviste

Veré caer de las hojas
los otoños
tocaré la tristeza
que palpaste

De vedados aposentos
las cortinas empolvadas correré

Se iluminarán tus caras
en fases de luna

Llamaré a gritos tus nombres
en lo alto del mundo
cual campanas mudas de domingos

Entraré en tu vida
saldrás de la mía
como rayos de sol de las aguas marinas

Elegy to Pompeyo
To illegal trips by boat

Maternal chores
paternal *conucos*[1]
whipped by wakes of empty coffins

Lured by the careless
to a thirsty death
disguised as abundance and possessions
senses mutilated
without love of one's own
without patriotic pride

Fixed idea…
at any price
by any means

They leave undercover
seduced by those
savage destroyers
of innocent springs
false dreams

Progenitors:
Tears
leaving their gaze at the edge of the sea
devastated
impotence drowned in
bottomless grief

[1] *conuco: from Taíno language, small plot of cultivated land*

Endecha a Pompeyo

A los viajes ilegales en yola

Quehaceres maternos
conucos[2] paternos
azotados por velorios de ataúdes vacíos

Atraídos por incautos
hacia una muerte sedienta
disfrazada de abundancias y teneres
mutilados sus sentidos
sin amor a lo propio
sin orgullo patriótico

Fijo el pensamiento…
a cualquier precio
de cualquier manera

Se van Ellos a escondidas
seducidos por esos
despiadados destructores
de Primaveras inocentes
falsos sueños

Progenitores:
Lágrimas
dejan su mirada en la orilla del mar
destrozados
ahogada la impotencia en
un dolor sin fondo

[2] conuco: en lengua taína, pequeño terreno para sembrar

A shout into silence:
—Son
Who intoxicated you with
false illusions?
how many times did I tell you:
achica la vaca[2]
sow the fruits of your tomorrow
dear son
that we may see
yours and mine
fill your *macuto*[3] with wisdom and
not with barren pretensions
you don't realize your own worth

Poor son of my soul
I hear his voice…
his voice I hear
God
I have lost reason
my legs give out
I walk
after his footprints

I look for him in sands
that erase destinies
that hinder sight
that bury hearing

I search for Truth
I ask Sadness
for you my son
I inquire of the beaches
that drown the words of God
in the sayings of little gods

[2] *achica la vaca: prepare the cow for milking*

[3] *macuto: wicker bag*

Un grito al silencio:
—Hijo
¿Quién te habrá embriagado con
falsas ilusiones?
cuántas veces te dije:
achica la vaca[3]
siembra los frutos de tu mañana
hijo querido
para que veamos
a los tuyos y a los míos
llena tu *macuto*[4] de sabiduría y
no de pretensiones infecundas
aún no te das cuenta de tus haberes

Pobre hijo de mi alma
oigo su voz…
su voz oigo
Dios
he perdido la razón
me fallan las piernas
camino
tras sus huellas

Le busco en las arenas
que borran los destinos
que impiden ver
que sepultan los oídos

Busco la Verdad
le pregunto a la Tristeza
por ti hijo mío
inquiero a las playas
que ahogan las palabras de Dios
en los dichos de los dioses pequeños

[3] *achica la vaca:* de achicar, equivalente a alistar la vaca para el ordeño

[4] *macuto:* cartera de guano

Oh Clairvoyance…!
I would have liked to guess your thoughts
and tie them to me
the way God did him
to the womb of his mother
fleeing their own existence
they leave
not understanding
that we tread our own path
with much with little
with gains and failures
one only lives
loving
laughing
crying

Blood of my life
fulfill your hope in your
own land that satisfies you
your footsteps only belong to her

—Cry no more
before the sea that Goodbye
take courage

No More Wakes of Empty Coffins!

¡Oh, Clarividencia…!
adivinar su pensamiento hubiese yo querido
y atarlo a mí
como lo ató Dios
al vientre de su madre
huyendo de su propia existencia
se van
no entienden
que trillamos nuestro camino
con lo mucho con lo poco
con logros y fracasos
sólo se vive
amando
riendo
llorando

Sangre de mi vida
colma tu esperanza en tu
propia tierra que te sacia
sólo a ellas
pertenecen
tus huellas

—No llores más
frente al mar ese Adiós
consuélate

¡No más Velatorios de Ataúdes Vacíos!

To Eleuterio Brito

There's a singer in the tower
in the tower there's a singer
voice of autumn
silver smile

There's a singer
in the drowsy tower
whispering the song
of absence

There's a singer in the tower
in full flight
the lonely nightingale
accepts its prison
with ease
submissive
cornered

The Deranged Singer!

In the tower
sparrow-hawks and seagulls keep him company

A Eleuterio Brito

En la torre hay un cantor
un cantor hay en la torre
voz de otoño
sonrisa de plata

Hay un cantor
en la torre adormecida
musitando la canción
de la ausencia

En la torre hay un cantor
en pleno vuelo
ruiseñor en soledad
acepta su prisión
con desenfado
sumiso
acorralado

¡El Cantor Enajenado!

En la torre
gavilanes y gaviotas le acompañan

In the backyard
roses grow
offering their perfume as an apology
making the landscape less withered

Oh, irony!
flame of life
splendid-petty
from some you snatch untimely
what you give to others without measure

En el patio
crecen las rosas
ofrendan su perfume en desagravio
pareciendo menos mustio el paisaje

¡Oh, ironía!
flama de la vida
espléndida-mezquina
a unos arrebatas a destiempo
lo que a otros sin medidas le regalas

Pigeons of the Cathedral

A great linen cloth rests
upon ancient walls
of the church
where an inscription reads:

Year of Jubilee July 2000

A masquerade remembrance of *Fradique*[4]
dances in front of the Cathedral
a light rain passes
a perfect Englishman
another Frenchman
the sacred songs and the aroma of coffee
bring my calling of parishioner to ecstasy

In the park of the Almirante statue
joyful children run
they startle the restless pigeons
of the Cathedral
to one side traveling puppeteers attract
the little ones
who offer popcorn to a sweet
actor in misfortune
from the looks of it he does not please them

The little girl in the red dress
runs afraid of the flapping
pigeons
of the Cathedral

[4] *Fradique Lizardo: late scholar of Dominican Folklore*

Las palomas de la Catedral

Un gran lienzo descansa
sobre los muros
antiguos de la Iglesia
donde se lee esta inscripción:

Año del Jubileo Julio 2000

Una comparsa recuerdos de *Fradique*[5]
frente a la Catedral baila
ligeramente la lluvia pasa
un perfecto inglés
otro francés
los cantos religiosos y el olor a café
extasían mi vocación de feligrés

En el parque de la estatua del Almirante
corren los niños contentos
asustando a las palomas inquietas
de la Catedral
a un lado un teatro de títeres ambulante atrae
a los chiquillos
que arrojan palomitas de maíz a un tierno
actor en desgracia
al parecer no les hacía gracia

La niña de vestido rojo
huye temerosa al aleteo
de las palomas
de la Catedral

[5] *Fradique Lizardo: investigador del folklore dominicano, fallecido*

By the main door
a lady brings bread crumbs
in flocks they peck

Sunday in Santo Domingo
perico ripiao[5] shorts sunglasses
black and white flashes
in the Zona Colonial
pedestrians from here and there
enliven
the daily hustle and bustle
of the Calle del Comercio

The day begins to fade in the music
of the old harmonium
at the end of Angelus they are roosting
one by one
in their customary place
the pigeons of the Cathedral

[5] *perico ripiao: traditional Dominican musical form*

Cerca de la puerta principal
una señora trae migas de pan
ellas en bandadas pican

Domingo en Santo Domingo
perico ripiao[6] shorts gafas de sol
flashes negros y blancos
en la Zona Colonial
transeúntes de aquí y de allá
amenizan
el trajín cotidiano
de la Calle del Comercio

[6] *perico ripiao: música típica dominicana*

El día empieza a dormitar con la música
del viejo armonio
al final del Ángelus se van posando
una por una
en su lugar habitual
las palomas de la Catedral

The patient in bed number 8

The last page of his waiting ends in
a sad scene of neglect
in blunt malnourishment
with no water in the clouds

I expect nothing more
having made provision
I expect nothing more

His walk amputated
his desires mutilated
ironic audacity
bled dry
arms crossed

Chains of oblivion
that look without seeing
the cared for are lost

We will attend the procession
a minuscule breath
we will cross in the end
the route
the end

Let us sing our own funerals
our own elegies
let others write

El paciente de la cama número 8

*L*a última página de su espera termina
un triste cuadro de abandono
en franca desnutrición
sin agua en las nubes

No espero más
habiendo hecho provisión
no espero más

Amputado su andar
mutilados sus deseos
irónico descaro
dolor desangrado
de brazos cruzados

Cadenas de olvido
que miran sin ver
velados perdidos

Asistiremos al desfile
un minúsculo aliento
cruzaremos al final
la ruta
el final

Nuestras propias exequias cantemos
nuestras propias elegías
otros escribirán

In a whisper

Lower your voice
the rain sings alongside the piano
the flowers are going to rest

Lower your voice

The day is reading:
Cantilenas Para Dormir Al Amor[6]

Lower your voice

The afternoon whistles with the wind
the night utters
his name

Lower your voice

An autumn has died
swallows refuse to fly
the landscape
suffers
dressed in red

Lower your voice

The moon has fallen asleep at your side
and you haven't even noticed

[6] *Sócrates Barinas Coiscou, Cantilenas Para Dormir Al Amor (Dominican Republic, 2003)*

En voz baja

Baja la voz
la lluvia canta junto al piano
las flores van a descansar

Baja la voz

El día está leyendo:
Cantilenas Para Dormir Al Amor[7]

Baja la voz

La tarde silba junto al viento
la noche pronuncia
su nombre

Baja la voz

Ha muerto un otoño
las golondrinas no quieren volar
el paisaje
sufre
vestido de rojo

Baja la voz

La luna se ha dormido a tu lado
y ni siquiera lo has notado

[7] *Sócrates Barinas Coiscou, Cantilenas Para Dormir Al Amor (República Dominicana, 2003)*

In a whisper

Noise has won
motors
radios
horns
Crap!

Screeches have triumphed
Uy!

Elegance wearing screams
Oh, my!

Grocery stores turn into dance halls
Yeah right!

Decibels in suspenders
displacing
what's left
of your voice

Oh, Silence!

En voz baja

Ha ganado el ruido
motores
radios
bocinas
¡Crap!

Han triunfado los chirridos
¡Uy!

La gala vestida de gritos
¡Caray!

Los colmadones dizque en salones
¡Yeah right!

Los decibeles en breteles
desplazando
lo que
queda
de tu voz

¡Oh, Silencio!

I refuse

Your midnight love
your blue sky in broad day
your sun in raw winter
these I want to be

Your smile
I want to perpetuate
in love that is reborn

Your skin and my skin
I wish
to set aflame

Your midday love
I refuse
to be

Me niego

Tu amor de medianoche
tu cielo azul en pleno día
tu sol en crudo invierno
quiero ser

Tu sonrisa
quiero perpetuar
en el amor que renace

Tu piel y mi piel
deseo
incendiar

Tu amor de mediodía
me niego
a ser

Lonely fugitive

For God's sake
Where does she live?

Where is her desolate house?
show me herself

What is she made of?
without friends
bare-boned
contemptible

Sadness of sadness
tell me
where is her tormented rest?
where do her clamors and lament reside?
if in some bend
she has feelings anywhere

Where does she hide her rigid blankets?
they abort springs
they forbid love affairs
they bury souls
laughter
dreams

Fugitiva solitaria

*D*ime por Dios
¿En dónde vive?

¿Dónde está su casa desolada?
muéstrame su Yo

¿De qué está hecha?
sin amigos
descarnada
despreciable

Tristeza de tristezas
dime
¿Dónde tiene su descanso atormentado?
¿Dónde reposan sus lamentos y clamores?
si en algún recodo
tiene sentimiento

¿Dónde esconde sus cobijas yertas?
abortan primaveras
vedan los amores
sepultan a las almas
las risas
los sueños

Sorrow of Sorrows
you tell me
Where can I find her?
Untimely
Indolent
Insatiable

—She treads stained in blood
soaked with tears
emaciated
weeping her scorn
vile
so often longed for

—Where do you keep your black dress
now in rags?

For life's sake
show me your identity
without caste
without color
without face

Death of deaths

"Where, O death, is your victory?"

Lonely Fugitive
Where is your chest?
that I may rip out
your heart
so that you die

Pena de Penas
dime tú
¿En dónde encontrarla?
Inoportuna
Indolente
Insaciable

—Ella desanda manchada de sangre
mojada de lágrimas
demacrada
llora su desprecio
la vil
tantas veces anhelada

—¿En dónde guardas tu vestido negro
hecho jirones?

Por la vida
muéstrame tu identidad
sin casta
sin color
sin rostro

Muerte de muertes

"¿Dónde, oh sepulcro, tu victoria?"

Fugitiva Solitaria
¿Dónde está tu pecho?
para arrancarte
el corazón
y que te mueras

Cradle of kisses

To Victor Augusto

Translated by: Silvia Mugnani

When I no longer see your dark eyes anymore
nor the reflection of my tears in them
my lap will be full of despair
feeling an emptiness without songs

When I no longer see your hair
when your stiff body
freezes my pulse
I will not stop my sobbing
from the most intimate depths
of my love

Night after night will be infinite
my thoughts will be with you
little angel of the dawn
I will not stop my silent sobbing

Torn from my side my sweetheart
Unforeseen jolt to my life
Sorrowful piece of my soul

Regazo de besos

A Víctor Augusto

Cuando no vea más tus ojos negros
ni el reflejo de mis lágrimas en ellos
mi regazo volverá desesperado
palpitando vacío sin canciones

Cuando no vea más tu pelo
cuando tu cuerpo inmóvil
detenga mi latir
no te negaré
mi llanto repentino
desde el íntimo rincón
de mis amores

Noche de Noches
laceran infinitas
tras de ti se irá mi pensamiento
angelito de la aurora

No te negaré
mi llanto enmudecido

Arrancado de mi lado dulce bien mío
Golpe inesperado de mi vida
Pedacito de mi alma entristecida

Those afternoons will be buried
when the sound of your voice transported me
and rousing me from my passions
made unimportant without you

Mothers without futures
how terrible to leave him
there among slumbering flowers
covering his dead eyes
with the last kiss
of my lips

I ask myself
and delirium answers
—The first love of your life
is branded into your soul

—No
I do not want to hear about
reasons or reality
I want to hear
my little one in the spring
calling out to me
to talk to me

Run to my arms
my love
to let you sleep
in my lap

Quedarán bajo tierra
aquellas tardes
cuando el eco de tu voz me enajenaba
despertándome a la vez
de mis pasiones:
Inquietudes ya sin ti pasajeras

Madres sin mañanas
qué terrible fue
dejarle allí entre flores dormidas
cubriéndole sus ojitos yertos
con el último beso
de mis labios

Me pregunto
el delirio me responde:
—Fija su silueta
en la penumbra de tu alma
primer amor de tu existencia

—No
no quiero saber de
realidades ni razones
mi pequeño en primavera
escuchar quiero
que me nombre
que me hable

Corre hacia mis brazos
amorcito
para darte en mi regazo
tu descanso

—To stop what never ends is impossible

—Helplessness has taken a hold of me
powerless to resist

My innocent one
pouting little mouth
you will be the source
of my sad laughter
the pain of my broken happiness
the motive for my life in death

Meanwhile
I will leave behind my daily chores
to give you the affection that you want
I'll talk to you
although you cannot answer
though you reject me timidly

While you are there
in my arms
I will be kissing your eyes
until the moment arrives
to lose you

—Terminar lo inagotable es imposible

—Me posee la impotencia
ya sin fuerzas
a su antojo me subyuga

Inocente mío
boquita molondrosa[8]
serás motivo
de reírme triste
serás la pena
de mi dicha trunca
serás la causa
de mi vida muerta

Mientras tanto
dejaré mis quehaceres cotidianos
para darte los mimos que tú quieras
hablaré contigo
aunque no puedas hablarme
aunque tímidamente me rechaces

En lo que estés así
entre mis brazos
estaré besándote los ojos
hasta que llegue
el tiempo de perderte

[8] *boquita molondrosa: boquita babosa*

Rancidity

Her fetid disgrace corrupted
her most minute waste disguarded
her abandonment well deserved
her prayer and form spoiled
her whiteness imposed in every place
her admirable ugliness idolized
her misery in altars of flames everlasting
her vileness has made them fall
of her own weight

Her incense does not incense
her admirers each day
more loyal and submissive
succumbing the attempts
to extinguish the candle
her smoky aroma
inoculating the intellect

Her incense does not incense
her detestable presence required
her rosary does not incline me
nor do I venerate her beads
her corruption will have someone honor it
her face I don't want to see
I only have to say your name and
you appear like magic
lightning illuminating the dunghill

Rancidez

Su desgracia fétida corrompida
su más mínimo desecho despreciado
su abandono bien ganado
su ruego y su forma desvirtuados
su blancura impuesta por todas partes
su fealdad admirable idolatrada
su miseria en altares de flama sempiterna
su vileza les ha hecho
caer por sí solos

Su incienso no inciensa
sus adoradores cada vez
más leales y sumisos
sucumben los intentos de
apagar el candelero
su sahumerio ha
inoculado al intelecto

Su incienso no inciensa
su detestable presencia requerida
su rosario no me inclina ni
sus cuentas las venero
su corrupción habrá quien la honre
su cara no quiero verla
basta que te nombre y
apareces como magia
rayos que iluminan el muladar

Untimely depressing Duchess
you are responsible for my terminal affliction

They will hold wakes over my ashes on the streets
I will find myself spilled
like gold in the mud
by the rivers

Already dissolved in black waters
I will not come out of purgatory
I will not step in her rooms
I will not adopt her rites
I will not even accept her flattery

Enough! I am disgusted by
Her
Rancidity

Duquesa inoportuna deprimente
eres la culpable de mi mal incurable

Velarán mis cenizas en las calles
me veré vertido
como oro al lodo
por los ríos

Ya confundido en aguas negras
no saldré del purgatorio
ni pisaré sus aposentos
no adoptaré sus ritos
ni aceptaré sus lisonjas

¡Basta! me da asco
Su
Rancidez

Letter to the cello

ear Cello:

When I hear your words
I am immersed in your
plaintive world
I understand your suffering
your cold tears I feel fall over my days
that long story of torment and pain
it is impossible for them not to seize me
I am always very close to you
I make your nostalgia mine
you possess me unequivocably
believe me
I would like to subtract myself and
become deaf to your cry
so serene is my daze
I let myself be carried away, away, away
until my most intimate feelings are uncovered
when I hear your notes dying of sorrow
that inconsolable weeping captivates me
notice that so much sadness makes me ill
you throw me about anywhere
you release me anyplace
your moans penetrate my existence
indeed Cello
you violate my happiness in each rehearsal
you take possession of my peace
momentarily…

Carta al violonchelo

*Q*uerido Chelo:

Cuando escucho tus palabras
me dejas sumida en tu
mundo quejumbroso
tu sufrimiento entiendo y
tus lágrimas frías las siento caer sobre mis días
esa larga historia de tormentos y dolores
imposible es que no me embarguen al punto
estoy siempre muy cerca de ti
hago mía tu nostalgia
me posees irremediablemente
no creas
quisiera sustraerme y
llegar a ser sorda a tu grito
es mi aturdimiento tan sereno
que me dejo llevar llevar llevar
hasta que se descubre mi más íntimo sentir
cuando oigo morir de pena tus notas
ese llanto inconsolable me aprisiona
fíjate que me llega a enfermar tanta tristeza
me tiras en cualquier parte
me sueltas en donde sea
tus gemidos penetran mi existencia
de veras Chelo
violas mi alegría en cada ensayo
de mi paz te adueñas
momentáneamente...

Long pathway home

Whether coming from
Valentín Cumía Humachón
Las Tres Veredas Calderón[7]
asleep or awake
my little donkey drops me off on the terrace
in my luggage I carry
chinolas[8] *masitas*[9]
some blocks of ice
my story books and
a little paper boat
my hair tangled with *cadillos*[10]
my breath of garlic bread and
saffron leaves
my feet know their path
though they are
full of dirt
I don't care what they will say

While taking a *"pavita"*[11]
I dream of
Juan Pablo Duarte[12]
reciting his patriotic verses
with Salomé Ureña[13] *singing*
school hymns

[7] *Valentín, Cumía, Humachón, Las Tres Veredas, Calderón: names of small communities in the mountains of the Dominican Republic*

[8] *chinola: passion fruit*

[9] *masita: small round pastry made of wheat flour*

[10] *cadillo: wild thorny grass*

[11] *pavita: take small naps*

[12] *Juan Pablo Duarte: important patriotic figure of the Dominican Rebublic*

[13] *Salomé Ureña: Dominican female poet*

Pasillo largo hasta mi casa

*V*enga yo de
Valentín Cumía Humachón
Las Tres Veredas Calderón[9]
dormida o despierta
mi burrito me deja en la terraza
en mis maletas traigo
chinolas[10] *masitas*[11]
algunas piedras de hielo
mis libros de cuentos y
un barquito de papel
en mi pelo llevo enredos de *cadillos*[12]
mi aliento es pan con ajo y
hojitas de azafrán
mis pies conocen su trillo
aunque están
llenos de tierra
no me importa qué dirán

Mientras *"echo una pavita"*[13]
sueño con
Juan Pablo Duarte[14]
recitando sus versos patrios
con Salomé Ureña[15] *cantando*
los himnos de la escuela

[9] *Valentín, Cumía, Humachón, Las Tres Veredas, Calderón: nombres de pequeñas aldeas en las montañas, República Dominicana*

[10] *chinola: fruta*

[11] *masita: panecillo dulce redondo de harina de trigo*

[12] *cadillo: hierba silvestre*

[13] *echo una pavita: dormir a intervalos cortos de tiempo*

[14] *Juan Pablo Duarte: importante figura patriótica de la historia dominicana*

[15] *Salomé Ureña: poetisa dominicana*

In the meantime
my tired little donkey wakes me
caressing my eyes
with a bunch of flowers

Whether coming from New York
Europe Cuernavaca
I will not lose my way
I walk towards myself
through that long pathway
I go joyful to my home
my little donkey drops me off
on the terrace

Entre tanto
mi burrito cansado me alebresta
acariciándome los ojos
con un ramito de flores

Venga de Nueva York
Europa Cuernavaca
no he de extraviarme
camino voy hacia mí misma
por ese pasillo largo
voy feliz para mi casa
mi burrito me deja
en la terraza

Pituita on the head

I think of you
I get *pituita*[14] in my head
the fear of a piano
sliding down a ceiling
the uncertainty of the cow
grazing on a cliff
fear of precipices
wasted roses
in a sugarcane field

[14] *pituita:
sneezing
fit*

Testimonials

*S*kies and sea murmurs…

Pituita en la azotea

*P*ienso en ti
me da *pituita*[16] en la azotea
el miedo de un piano
que se desliza por el techo
la inseguridad de la vaca
que pasta en un risco
temor al precipicio
desperdicio de rosas
en un cañaveral

[16] *pituita:*
rinitis

Testimoniales

*C*ielos y rumor del mar...

Morir soñando

I invite you to dream after
the Fresca[15] to my native land…
In *Azua de Compostela*[16]
lives the *India Canela*[17]
in *Cambita Sterling*[18]
is the paternal jug
ice milk and orange juice
ha!
—Do you want mass?
ha!
—I prefer *morir soñando*[19]

On my bedside a *Malta Morena*[20]
two little jars of sweetened condensed milk
chacá[21] of *San Juan*
boruga[22] and mangoes banilejos[23]

My good friends have come to see me
flags of my homeland
I know them from afar

Come to my house
there is a gathering there is roasted corn
and a bath in a downpour

After the Fresca
I invite you to live
in my homeland…

[15] *la Fresca: time of day when the sun's heat begins to relent*

[16] *Azua de Compostela: city in the South of the Dom. Rep.*

[17] *India Canela: woman of fine black hair and brown skin*

[18] *Cambita Sterling: small town in San Cristóbal, Dom. Rep.*

[19] *morir soñando: a refreshing drink made with milk and orange juice*

[20] *Malta Morena: a dark, sweet non-alcoholic beer made in the Dom. Rep.*

[21] *chacá : corn based meal, original of San Juan, Dom. Rep.*

[22] *boruga: milk yogurt, similar to yogurt*

[23] *banilejos: from Baní, Dom. Rep.*

Morir Soñando

Te invito a soñar después de
la Fresca[17] a mi tierra natal…
En *Azua de Compostela*[18]
vive la *India Canela*[19]
en *Cambita Sterling*[20]
está la jarra paterna
hielo leche y jugo de naranja
ja
—¿Quieres misa?
ja
—Prefiero *morir soñando*[21]

En mi cabecera una *Malta Morena*[22]
dos jarritos de leche condensada
chacá[23] *de San Juan*
boruga[24] y mangos *banilejos*[25]

Mis buenos amigos han venido a verme
banderas de mi tierra
las conozco desde lejos

Ven a mi casa
hay convite maí asao
y un baño en aguacero

Después de la Fresca
te convido a vivir
en mi tierra natal…

[17] *la Fresca:* cuando el sol empieza a bajar

[18] *Azua de Compostela:* ciudad al sur de la República Dominicana

[19] *India Canela:* mujer con pelo lacio negro y de piel oscura

[20] *Cambita Sterling:* pequeño pueblo en San Cristóbal, República Dominicana

[21] *morir soñando:* jugo hecho de leche con naranja

[22] *Malta Morena:* bebida, malta dominicana

[23] *chacá* : comida hecha a base de maiz, San Juan, República Dominicana

[24] *boruga:* leche parecida al yogur

[25] *banilejo:* oriundo de Baní, Rep.Dom.

They did not choose the journey

To the homeless children

They should have prepared their luggage
They did not choose the journey
They had to look for the certificate
and sign their death
They did not choose to die

They've been the ones who've had to dig
the wells to find water
yet They aren't thirsty

They've been the ones to build
the instrument of war
and They are the ones who
wait without holding grudges

They've been the Forgotten of the present
yet They are The Future
They've had to
self-immolate

—There are many Carajitos[24] Garibitos[25]

After becoming responsible
of the irresponsibility
then they are:
Guilty Wicked
A pain in the neck

[24] Carajito: vulgar name for children (Dominicanism)

[25] Garibito: name of a Dominican homeless child who was murdered

Ellos no eligieron el viaje

A los niños desamparados

Han debido preparar su equipaje
no fueron Ellos los que eligieron el viaje
han tenido que buscar el acta
y firmar su defunción
no fueron Ellos los que eligieron morirse

Han sido Ellos los que han tenido que cavar
los pozos para encontrar agua
y no tienen sed

Han sido Ellos los que han debido construir
los pertrechos de la guerra
y son los que
esperan sin anidar rencores

Han sido Ellos los Olvidados del presente
y son El Futuro
han tenido que
in mo lar se

—Hay muchos *Carajitos*[26] *Garibitos*[27]

Después de hacerse responsables
de la irresponsabilidad
entonces son:
Culpables Malditos
Dolores de cabeza

[26] *Carajito: nombre vulgar dado a los niños (dominicanismo)*

[27] *Garibito: nombre de un niño dominicano desampara do que fue asesinado*

—Unfortunate trampled ones
full of scars
mules without saddles
looked upon from afar

—It is the altar of icebergs
on our knees we await
the call of Love
and
There will be water!

We will go to their rescue!!
We will go look for them!!
We will treat their wounds!!

—Pateados desdichados
llenos de cicatrices
mulas sin aparejos
mirados desde lejos

—Es el altar de témpanos de hielo
de rodillas esperamos
la llamada del Amor
y
¡Habrá agua!

¡¡Iremos en su auxilio!!
¡¡Iremos a buscarlos!!
¡¡Curaremos sus heridas!!

The sun looks at her

It was the dew of the morning
…there was a raindrop on the little leaf
the sun stared and the hours passed
the raindrop wouldn't dry up and
looked more and more humid
it seemed to hold fast to the follicles of the little leaf
the raindrop flirted with the rays of the sun
showing her transparent dress

The little leaf moved gleefully
because on her back was
a cute little raindrop left behind by the dew

Then the sun said to the wind:
—Blow on the raindrop because I want her to fall off!

and the wind blew hard, very hard

After a while the raindrop said to the little leaf:
**—Let me go inside your house because the wind
blows very hard and the sun wants to dry me up**

The little leaf smiled and invited the raindrop
to enter her little house
the raindrop also smiled a little
and hid under the good little leaf
the little leaf was happy with the raindrop
that very early in the morning the dew left behind

El sol la mira

Era el rocío de la mañana
...había una gotita sobre una hojita
el sol la miraba mucho y pasaban las horas
la gotita no se secaba y
se veía cada vez más húmeda
parecía estar prendida de los cabellos de la hojita
la gotita coqueteaba con los rayitos de sol
luciendo su vestido transparente

La hojita se movía alegre
porque en su lomito estaba acomodada
una linda gotita que el rocío dejó

Entonces el sol le dijo al viento:
—¡sopla sobre la gotita porque quiero que ella se caiga!

y el viento sopló fuerte, muy fuerte

Al cabo de un rato la gotita le dijo a la hojita:
**—Déjame entrar en tu casita porque el viento
sopla muy fuerte y el sol me quiere evaporar**

La hojita sonrió y la invitó
a entrar a su pequeña casa
la gotita también sonrió un poquito
y se cobijó bajo la hojita buena
la hojita estaba contenta con aquella gotita
que muy de mañanita el rocío le dejó

The first of June

*E*very year we renew our vows
the parade begins
Happy Birthday!

The pregnant rain gives birth to a flood of tears
a boy or a girl
anyway you take control of me
A
B
C
Daudet
Eulalia

threats of sun
thunder and lightning
my saddlebag overflows with fury and love
yearly madness never by chance

You prune the flora
and store food
you buy candles
and fill up the barrels
lighting up candles
to banish hurricanes

Primero de junio

Renovamos cada año nuestros votos
empieza el desfile
¡Feliz Cumpleaños!

Preñada la lluvia pare llanto
niña o niño
como sea me acorralas
A
B
C
Daudet
Eulalia

amenazas de sol
truenos y relámpagos
reboza mi alforja de furia y amor
locura anual nunca casual

Podas la flora
almacenas comida
compras las velas
llenas los toneles
encienden velones
que alejan a los ciclones

—November 30th

I lift my arms and sing:
you are more than my saint
if you arrive, you sadden me
if you leave, I faint with joy

I await your arrival
June
The First day

—30 de noviembre

Levanto mis brazos y canto:
eres más que mi santo
si llegas me entristeces
si te vas me desmaya la alegría

Te espero vigilante
junio
Día Primero

It's not time to miss you

You have not left yet
it's not time to miss you

It's not time to miss you
if you have not left yet

The storm blows dry leaves away
let them go
they have lost their significance

The autumn will come
I try to
recover
my daily routine

You were here I can still feel it
I no longer have time

No es momento de extrañarte

No te has ido todavía
no es momento de extrañarte

No es momento de extrañarte
si no te has ido todavía

La tormenta hace volar las hojas secas
déjalas ir
ya han perdido su valor

Vendrá el otoño
intento
recobrar
mi cotidianidad

Estuviste aquí aún lo percibo
ya no tengo tiempo

I cannot offer my heart

I must pay for
Red Carnations

Moon night

I beg you to not take away my innocence
I looked upon you as a Goddess

I dedicated my very first lines
to your misty complexion I dedicated

Once I wanted to ask you for
a wish…

I wanted a glance
from his eyes

Simply
that

A glance!

No puedo ofrecer mi corazón

Debo pagar
Claveles Rojos

Noche de luna

Te ruego no borres mi inocencia
te miraba como a diosa

Mis primeritos versos
a tu nebulosa tez dedicaba

Pedirte quise alguna vez
un deseo…

Quería una mirada
de sus ojos

Simplemente
eso

¡Una mirada!

To the Pablo Claudio Musical Lyceum

Harmonic arpeggios scale at intervals
rehearsals
false notes
harmony
arrangements and erasures

The concert begins again
months of staffs
of black and white

Empty halls
nostalgia of eager hands
skilled or inexperienced

Immortal applause
unpublished melodies
recorded echoes

Loneliness
inwardly, deep inside
the melancholy

Phantasmagoria

The musical pieces
wander scattered
confused

Al Liceo Musical Pablo Claudio

Arpegios armónicos escalas a intervalos
ensayos
falsas notas
armonía
arreglos y borrones

Reinicia el concierto
meses de pentagramas
a blanco y negro

Salones ausentes
nostalgia de manos ávidas
diestras o inexpertas

Aplausos inmortales
inéditas melodías
ecos grabados

Soledad
dentro muy dentro
la melancolía

Fantasmagoria

Deambulan difusas
las piezas musicales
confusas

Pablo
your pupils are looking for you
the muses dream of you
with your Mahogany Black suit
of San Cristóbal

The muses hang from your lofty doors
trapped among old lintels

Notes with twisted stems unfolding
perfect semiquavers

Claudio
they
have fallen asleep

Suddenly melodies are heard
in chorus they sing a lament in fugues
from a deaf
worn out
piano!!

Oh!
If only you woke up
for a moment…

Pablo Claudio
your dreamy juvenile hours
scented of yellow flowers
recover their yesterdays:

Pablo
tus pupilos te buscan
las musas te sueñan
con tu traje Caoba Negra
de San Cristóbal

Cuelgan de tus altas puertas
atrapadas entre dinteles arcanos

Desdoblan notas con plicas torcidas
semicorcheas perfectas

Claudio
ellas
se han dormido

¡¡Melodías se oyen de pronto
a coro se lamentan en fuga
desde un sordo
piano
descolado!!

¡Ay!
Si despertaras
un poco…

Pablo Claudio
tus oníricas horas juveniles
perfumadas de flores amarillas
recobran sus ayeres:

Javieres and Olgas
Solanges and Ivanes
masterful batons
fully engaged ears
in tune
virtuosos

Seminude clavichords and quavers
transported strings
mute clarinets
deaf flutes
Sonata without rhythm

Violins weep
without their bows at an
Auditorium
without applause

Javieres y Olgas
Solanges e Ivanes
batutas maestras
tísicos oídos
virtuosos
afinados

Claves y corcheas semidesnudas
cuerdas transportadas
mudos los clarinetes
sordas las flautas
Sonatina sin compases

Lloran los violines
sin sus arcos
en un
Salón de Actos
sin aplausos

The larks and the dawn

The children played with the Afternoon
without wanting to sleep
illusory protests

The Larks and the Dawn
came from far away
rushing to their laps

The Springs
were dozing…

They will leave
and later

will not return…

Las alondras y la aurora

*L*os niños jugaban con la Tarde
sin querer dormir
refunfuños[28] ilusorios

Las Alondras y la Aurora
venían desde lejos
precipitándose a sus faldas

Los Manantiales
dormitaban…

Se irán
y después

no volverán…

[28] *refunfuño:
de refunfuñar,
hacer cosas
a regaña-
dientes*

Sleeping poetry
To Don Pedro Mir

The clock
was hanging by itself
discretely looked at his reflection in the mirror
it was hiding:
twelve
forty
five

pulse—by—pulse

drop
by
drop

night—by—night

Oh, night!

silence

Oh, silence!

the month of July was passing

from shadow—to—shadow
in pain

Poesía dormida

A Don Pedro Mir

*E*l reloj
pendía de sí mismo
discreto se miraba en el espejo
ocultaba:
las doce
cuarenta
y cinco

pulso—a—pulso

gota
a
gota

noche—a—noche

¡Oh, noche!

silencio

¡Oh, silencio!

el mes de julio transcurría

de sombra—en—sombra
adolorido

Eleven moons
eighty seven stars
beat—after—beat
it wasn't the end yet
it was not
the
end

Daybreak
awaits
before the Invisible Door
carrying timeless white linens
to dry
his body
bathed in tears:
loving Salts
balm of life
without insults
gift without offenses

Oh, life!
Handful of roses
from a distance
sweetly cascading
from the Divine Hand

It is not your end
Oh, Sleeping Poetry!
because
it's not yet
the end
Oh, Sleeping One!

Once lunas
ochenta y siete estrellas
latido—tras—latido
aún no era el final
no era
el
final

La Madrugada
frente a la Puerta Invisible
aguarda
porta eternos lienzos blancos
para enjugar
su cuerpo
bañado de lágrimas:
Sales de amores
bálsamo de vida
sin agravios
regalo sin ofensas

¡Oh, vida!
Manojo de rosas
a la distancia
suspendida dulcemente
por la Mano Divina

No es tu final
¡Oh, Poesía Dormida!
porque
aún no es
el fin
¡Oh, Dormido!

it's not yet
the end
it's not
the end

There is no end
for those who look at the little ones
as they leave traces in the soul
they are filled with light forever
and along their path perpetual flowers emerge

On the podium of the Nation
his last poetry
was read

His name was written
on eternal headstones

You were born again
for posterity
on a summer night

In a flight of doves
he marched
towards
his whole world a world

A country in the World!
of children's tales
of nebulous lungs
of happy springs without empty stomachs

aún no es
el fin
no es
el fin

No hay final
para los que miran a los pequeños
trillan caminos en el alma
se bañan de luz para siempre
a su paso emergen flores perpetuas

Sobre el pódium de la Patria
se leía
su última poesía

Su nombre se escribía
sobre lápidas eternas

Volviste a nacer
para la posteridad
en una noche estival

En un vuelo de palomas
se marchó
hacia
su mundo un mundo

¡Un país en el Mundo!
de historietas infantiles
de pulmones de nubes
de primaveras alegres sin estómagos vacíos

Seagull in the blue sky
longing for a new day
without intensive cares
already freed
on the threshold of the eternal
eternal
the sisters looked on
they
waited in silence
they saw him coming
in arms of the airy Dawn
carried with it
a glory:
The Sleeping Poetry Offered

The Three, Happy
with permanent airs of silk
they kissed his hands
they covered his body
with tenderness

The Voice
of justice
opened his eyes to the Eternal Truth
full of light
and through the True Path he was looking at them

It's not the end it's not your end
it's not
the end
it's not yet
the end
Ah, Offered Sleeping Poetry!

Gaviota en el azul del cielo
aspirando un nuevo día
sin cuidados intensivos
liberado
en el umbral de lo eterno
eterno
las hermanas Miraban
ellas
esperaban en silencio
le vieron llegar
en brazos de la Aurora airosa
llevaba consigo
una gloria:
La Poesía Dormida Ofrendada

Las Tres Felices
con aires de seda permanentes
besaron sus manos
cubrieron su cuerpo
con ternura

Justa
la Voz
abrió sus ojos a la Verdad Eterna
lleno de luz
las miraba conducido por el camino sin falsía

No es el fin no es tu final
no es
el fin
no es
el fin
¡Oh, Poesía Dormida Ofrendada!

Tracks that don't lie

Tender newborn
with the injured skin
with the suggested children
pink, the epidermis

Of soft waves graceful hairs
old pages of the weary river

Innocent and natural
you embellish the word
you bring warmness and make peace grow

Longed for treasure
glance of ecstasy

The sunbeams whisper warily
they make fun of me
of the present offspring

Exhausted, the relentless transparent weeping
prevents me from seeing
that they leave slowly
that they fade away beautifully
that they fall
that they get lost
they don't return complete

Tracks that reveal the secrets

Surcos que no mienten

Tierna recién nacida
con la piel accidentada
con los hijos sugeridos
rosada la epidermis

De ondas suaves graciosos cabellos
viejas páginas del cansado río

Inocente y natural
embelleces la palabra
traes tibieza la paz aumentas

Anhelado tesoro
éxtasis de la mirada

Sigilosos murmuran los rayos de sol
se ríen de mí
del fruto presente

Agotado el llanto implacable transparente
me impide ver
que se van lentamente
que se esfuman hermosos
caen
se pierden
no vuelven intactos

Huellas que revelan los secretos

If this were our last November

A tribute to nature

While he sows his soil
of sweat and dreams
old man Octaviano smokes his tobacco and thinks:

—And what if this were my last November?
I would run to see laughter
of the night and stars
I would run straight to see the flight
of the white doves
I would leave right away to see how the day dawns
from the highest mountain
maybe it would be my last dawn

Old man Octaviano spits and thinks:

—I will make myself a planting row
I will sow again
I will sow many trees
trees of coffee and cocoa
many trees of coconut
mangoes avocados and zapote[26]
I will walk up the river to replant

I will cover my cabin with new palm bark
over there near the stream
to hear the sound of the water
that runs by the rocks
to hear the song of the crickets and the ravens at midnight

[26] zapote:
fruit

Si este fuera nuestro último noviembre
Un tributo a la naturaleza

Mientras siembra sus tierras
de sudores y sueños
el viejo Octaviano fuma su tabaco y piensa:

—¿Y si éste fuera mi último noviembre?
Correría a ver la risa
de la noche y las estrellas
correría ligero a ver el vuelo
de las palomas blancas
me iría de prisa a ver cómo amanece el día
desde la montaña más alta
quizá sería mi última alborada

El viejo Octaviano suelta un escupitajo y piensa:

—Me haré un cantero[29]
y volveré a sembrar
sembraré muchos árboles
matas de café y de cacao
muchas matas de coco
mangos aguacates y zapotes[30]
caminaré río arriba para reforestar

Cobijaré de yagua[31] nueva mi cabaña
pa'llá cerca del arroyo
pa'oír el sonido del agua
que escurre por las piedras
pa'oír el canto de los grillos y los carraos[32] a medianoche

[29] cantero: fila de tierra donde se cultiva la hortaliza

[30] zapote: fruta

[31] yagua: hoja seca y dura del árbol de la palmera

[32] carrao: especie de cuervo, ave dominicana de plumaje negro

I don't want to see anymore
funerals of cane or of fish
I want to see the birth of the springs
I want to see where
the blue mineral stones
the ciguas palmeras[27]
the passing clouds
of the noons of cabañuelas[28] *are born*

—And if this were our last November?

Let's sit down a little while in the shade
of the big trees
let's start the fire
brew some coffee
stoke the stove
and listen to the sweet crackle of firewood
at the shore of the rivers
let's make another planting row and sow again

Let's pretend this is our
last November…

Let's run to the stables
and breathe pure fresh air from the meadow
what beautiful horses and mares
what beautiful birds and butterflies
it may be the last rain
let's run under the pouring rain
let's run to see the waves of the seas
the oceans have not died yet
there are still mountains and hopes

[27] cigua palmera: national bird of the Dominican Republic

[28] cabañuela: formally, method of forecasting the weather

No quiero ver más
funerales de cañá ni de peces
quiero ver el nacimiento de los manantiales
quiero ver dónde nacen
las piedras azules mineras
las *ciguas palmeras*[33]
las nubes pasajeras
de las tardes de *cabañuelas*[34]

—¿Y si éste fuera nuestro último noviembre?

Sentémonos un rato a la sombra
de los flamboyanes
juntemos la candela
colemos café
aticemos el fogón
escuchemos el dulce crepitar de la leña
a la orilla de los ríos
hagamos un cantero y volvamos a sembrar

Pensemos que éste es nuestro
último noviembre…

Corramos a los establos y aspiremos el aire
puro y fresco de la pradera
qué hermosos son los caballos y las yeguas
qué lindas las aves y las mariposas
puede ser la última caída de la lluvia
corramos a bañarnos en el aguacero
corramos a ver las olas de los mares
todavía no se han muerto los océanos
todavía hay montañas y esperanzas

[33] *cigua palmera: ave nacional de la República Dominicana*

[34] *cabañuela: anteriormente, modo de pronosticar el tiempo*

My last sanctuary

If this were our last November…

Let's not be indifferent
the nights of comets will end
strength will fade from our arms
the light from our eyes will be extinguished
let's run to see the last sunset

Let's not be indifferent
it could be our farewell
our last glance
our last sunset on this planet

So let's make a planting row
and sow again

Mi último santuario

Si éste fuera nuestro último noviembre…

No seamos insensibles
se acabarán las noches de cometas
se irá de nuestros brazos la firmeza
se apagará la luz de nuestros ojos
corramos a ver la última puesta de sol

No seamos insensibles
puede que sea nuestra despedida
nuestra mirada postrera
nuestro último ocaso sobre este planeta

Entonces hagamos un cantero
y volvamos a sembrar

I come from la estancia

I come from the ages
I bring in my womb fresh mud
clay cooked in the vestibule
my innocence romps
along with the flowers in season
I come from the night
beyond the waiting

I'll get dressed with the moon!
    I will dance
            with
                  the
                      fog
    while
          the
             rain
                sings!

Seated by the river I comb my dream
my memory playing with that love of mine
I move slowly I'm not in a hurry
The hills are flying with butterflies!
I am so happy I'm dying from laughter
The Afternoon offers papaya juice!
for my happiness the mountains smile

There is a party at *La Estancia*[29]...

[29] *La Estancia: small village in the mountains, Dominican Republic*

Soy de la estancia

*V*engo de los tiempos
traigo en mi vientre lodo fresco
barro cocido en el *zaguán*[35]
mi inocencia retoza
junto a las flores de temporada
vengo de la noche
más allá de la espera

¡Me vestiré con la luna!
　　¡Bailaré
　　　　　con
　　　　　　　la
　　　　　　　　　niebla
　　　mientras
　　　　　canta
　　　　　　　la
　　　　　　　　lluvia!

Peino mi sueño sentada en el río
y mi recuerdo juega con el amor mío
vengo despacio no tengo prisa
¡Las colinas vuelan con las mariposas!
soy tan feliz que me muero de risa
¡La Tarde brinda jugo de *lechoza*[36]!
por mi felicidad sonríen las montañas

Hay fiesta en *La Estancia*[37]…

[35] *zaguán:* galería, entrada de la casa

[36] *lechoza:* fruta

[37] *La Estancia:* pueblo pequeño en la montaña, República Dominicana

Sitting in a circle

That place…
of giggles
of respect
of rebukes with love
a beloved place

On the way to the house of Mrs. Fen
doorways lined with ylang-ylang flowers

Melania and Margarita
madrigals of friendship

Mamoncillo fruits and kids
delicious gabbling from every August

Further toward the chicken coop
spurs and roosters in cages
he slept his siesta
we would play in a circle
one game after another
—Kids shut the heck up
grandpa Fedín used to shout

In the back yard
the avocado tree with a hammock

Sentados en ronda

*E*se lugar…
de risitas
de respeto
de regaños con amor
un lugar amado

En el trayecto la casa de doña Fen
umbrales de flores ilán-ilán

Melania y Margarita
madrigales de amistad

Limoncillos y chiquillos
sabrosa algarabía de cada agosto

Más allá buscando la gallera
espuelas y gallos en rejones
él dormía su siesta
nosotros jugábamos en ronda
un juego y otro más
—Niños cállense carajo
gritaba el abuelo Fedín

Al fondo
el aguacate árbol de la hamaca

there we would scream without pause
from sun to sun from sunsets to moons
Childhood is only once!
Kids let's go play!
"*Arroz con leche se quiere casar...*"[30]

A little further up
from the *Alto de los Uvaldo*[31]
we would slide down on palm barks
our years flying by
debating over the turns:
me first me next
we'd fall down the dale and the old Atalio
would look at us and say
—tonight:
there is *Cabo de Año*[32]
repiques de *Palos and Balsié*[33]

In that place...

of gingers and encounters each December
surrounded by a mixture of affection
and Tomás César *granadillos*[34] uncles
and Carlos grapefruits Ernesto guavas
and little cousins hens
and little chicks all together
What a place!...

Grandma sweet voice fresh breeze
calm flame not extinguished yet and still
jealously kept in the deepest corner of our heart:
"little sons and daughters come
let's gather flowers of chamicos"
filitrines[35] playful asthmatic brats

[30] "Arroz con leche se quiere casar...": literally, "Rice pudding wants to get married...", popular folk song

[31] Alto de los Uvaldo: small hill behind the grandparent's backyard

[32] Cabo de Año: tradicional festivity (ritual) with palos in memory of a deceased

[33] Palos and Balsié: musical instruments (mainly drums) native of the Dominican Republic

[34] granadillo: fruit

[35] filitrines: kids; term used by the grandmother to address grandchildren

allí chillábamos sin tregua
de sol a sol de ocasos a lunas
¡La niñez es sólo una!
¡Vamos niños a jugar!
"Arroz con leche se quiere casar..."[38]

Un poquito más arriba
desde el *Alto de los Uvaldo*[39]
nos rodábamos en yaguas y
volaban por los aires nuestros años
disputándonos el turno:
yo primero yo después
al caer en la cañada
nos miraba el viejo Atalio
—a la noche:
hay *Cabo de Año*[40]
repiques de *Palos y Balsié*[41]

En ese lugar...

de jengibres y diciembres encontrados
mezcolanza de cariño a cada lado
y Tomás César *granadillos*[42] tíos
y Carlos toronjas Ernesto guayabas
y primitos gallinas
y pollitos todos juntos
¡Qué lugar!...

La abuelita dulce voz brisa fresca
aún no extingue esa llama reposada
celosamente guardada en el más tierno rincón:
"hijitos a cortar flores de chamicos"
filitrines[43] mocosos asmáticos juguetones

[38] *"Arroz con leche se quiere casar...":* canción popular folklórica

[39] *Alto de los Uvaldo:* pequeña colina al fondo del patio de los abuelos

[40] *Cabo de Año:* fiesta tradicional (ritual) de palos en a un fallecido

[41] *Palos y Balsié:* instrumentos musicales (tambores), autóctonos de la República Dominicana

[42] *granadillo:* fruta

[43] *filitrines:* término usado por la abuela para dirigirse a sus nietos

Grinding coffee sitting in round
every story a peanut
every corn a dream

Wood-fired sweet potato bread
Nermis and cherries
China and wheat juice

Wine is served
sitting in a circle
Our childhood forever gone

Majando café sentados en ronda
cada cuento un maní
cada maíz un sueño

Pan de batata al fogón
Nermis y cerezas
China y jugo de trigo

Se sirve el vino
sentados en ronda
Pasó nuestra niñez

There he goes with his white hair he goes

To Juan Bosch, former-President of the Dominican Republic

I saw him passed by in autumn
alone
dressed in white
alone
with his white hair
I saw him pass by
on the Day of the Hispanic Heritage

There he goes
It is he!
It is he!
solemnity
muted my scream

Such silhouette admired by me
filled up my heart with patriotism and proud
so far from the Island

There he goes
The Teacher of The Republic
The National Project Professor

There he goes
a human being detached
from the heartless phantom
creating paths and a destiny

Allí va con su pelo blanco allá va

A Juan Bosch, ex-Presidente de la República Dominicana

*L*e vi pasar un otoño
solo
vestido de blanco
solo
con su pelo blanco
le vi pasar
un Día de la Hispanidad

Allí va
¡Es él!
¡Es él!
enmudeció mi grito
la solemnidad

Aquella silueta por mí admirada
colmó mi corazón de Patria y de orgullo
lejos de la Isla

Allí va
El Profesor de La República
El Maestro de un Proyecto de Nación

Allá va
un ser humano desprendido
del fantasma inhumano
forjando caminos y un destino

Tireless walker
outlawed
so many times
solitary

There he goes

Traces of exile

Teacher of simplicities

Resolute character
of our history

Writer of short stories

Creator of dreams to be dreamed

There he goes

Forger of ideas

There he goes with his Star

There he goes with his Books

There he goes...

My eyes look at him with the distance
denying me in passing
his slender figure

He walked into the distance

Incansable caminante
proscrito
tantas veces
solitario

Allá va

Huellas de exilio

El Profesor de sencilleces

Personaje resoluto
de la historia nuestra

Escritor de cuentos

Creador de sueños por soñar

Allá va

Fragua de ideas

Allá va con su Estrella

Allá va con sus Libros

Allá va...

Mis ojos le miraron con la lejanía
negándome de paso
su figura esbelta

Se alejaba

Alone
dressed in white

Alone
with his white hair

New York 5th Avenue
distracted
my memories
parading
suddenly transported
in a magic sacred moment

I saw:
Small wooden houses
skyscrapers with roofs of zinc
luxurious shops of tulle
grocery stores painted in blue...

Such an Opulent Avenue
full of people
poor and starving

Men of conucos and machetes
young people and rifles
marching courageously
reaffirming
the Constitution

Solo
vestido de blanco

Solo
con su pelo blanco

Nueva York 5ta. Avenida
distraída
desfilaban
mis recuerdos
de repente
en un mágico momento consagrado

Vi:
Casitas de madera
rascacielos con techos de zinc[44]
lujosas tiendas de tul
pulperías[45] de esquina pintadas de azul…

Aquella Vía Opulenta
llena de gente
pobre y hambrienta

Hombres de conucos y machetes
jóvenes y fusiles
marchando valientes
reafirmando
la Constitución

[44] *techos de zinc: techos de láminas de metal*

[45] *pulpería: bodega, colmado, tienda de abarrotes y comestibles*

Across from the Pantheon
mothers without children
carrying
the Dominican Flag
singing
the National Anthem:
"Quisqueyanos valientes..."

There he goes
the Teacher
with his white hair
There he goes
There he goes...

Frente al Panteón
madres sin hijos
llevando
la Bandera dominicana
cantando
el Himno Nacional:
"Quisqueyanos valientes..."

Allí va
el Profesor
con su pelo blanco
Allá va
Allá va...

The roses left with you

Day of the saddest
memory
in time

The drizzle
in silence
soaks my memories of you

There are no lilies
not even roses

They
left
with you

Las rosas se fueron contigo

Día del recuerdo
más triste
en el tiempo

La llovizna
en silencio
riega tu memoria

No hay azucenas
ni rosas

Se
fueron
contigo

Amad mitiernat

I have come back
looking for
the scents of
the river:
The dark colors
of its deep stones
the delicious flavor
of the ripe *jobos*[36]
piled up
in its gentle currents

[36] *jobo:*
   fruit

—Because I saw what I saw I wanted to be blind

Why do I have to hide my surprise
if only ruins remain?

Why so many lost people?
Images of stunned lives!

Let all of them know my weakness!
wailing rubble
with smoke and debris

Why do I have to hold back my sobbing?
I want to shout out with suffering

Amad mitiernat

He vuelto
buscando
los olores
del río:
Los colores oscuros
de sus piedras profundas
el sabor celestial
de los *jobos*46 maduros
apilados
en sus mansas corrientes

⁴⁶ *jobo:*
fruta

—Porque vi lo que vi quise ser invidente

¿Por qué tengo que ocultar mi extrañeza
si sólo quedan escombros?

¿Por qué tanta gente perdida?
¡Imágenes de vidas sorprendidas!

¡Que conozcan todos mi debilidad!
escombros gemidos
con humo y escombros

¿Por qué tengo que contener mis sollozos?
quiero gritar sufriendo

Bearing
my pain
their pain
until biting
the shadows
of death

I want so much
to cry
so much
so much
until my tears grow to be
eternal candles
that light up
the graves of the dead ones
of my dead ones
until they light up
the intricate
labyrinths
of astonishment

Ah!
The rubbles!
Ah!

—Because I saw what I saw I wanted to be blind

With my white linens I have come back
crying
about my absence
from the wakes

Soportar
mi dolor
su dolor
hasta morder
las sombras
de la muerte

Tanto quiero
llorar
tanto
tanto
hasta convertir mis lágrimas
en cirios eternos
que alumbren
de mis muertos
las tumbas de esos muertos
hasta que alumbren
los intrincados
laberintos
del asombro

¡Ay!
¡Los escombros!
¡Ay!

—Porque vi lo que vi quise ser invidente

Con mis lienzos blancos he vuelto
llorando
de los velorios
mi ausencia

By the cemeteries
a handful of dirt
that I didn't scatter

For the damned
the help
that I didn't offer

For the children
in danger
that I did not help

I have returned
seeking
of my struggles
the conquests
of his eyes the light
of his thinking serene
his wisdom
grown
of
rivers
and
cascades

I have returned
to seek
the early morning flowers
from the first dew

Por los cementerios
el puñado de tierra
que no esparcí

Por los damnificados
la ayuda
que no ofrecí

Por los niños
en peligro
que no socorrí

He vuelto
buscando
de mis luchas
las conquistas
de sus ojos la luz
de su pensar sereno
su sapiencia
cual crecidas
de
ríos
y
cascadas

He vuelto
a buscar
del primer rocío
las primeras flores matinales

My farewell
I want
to take back
How can birds abandon
their nests
and mothers their children
and
a tree
its
roots?

I've returned
seeking
the crow
of the roosters
I have returned
to the hut
to sow corn

I've returned
to dressing in
my old rags
my torn shoes
to stroll

I've returned
seeking
of the dusk
its hugs
its impatience waits
for my arrival
its nights in vigil
to my sleeplessness
to make conversation

Mi despedida
quiero
desandar
¿Cómo pueden abandonar
las aves a sus nidos
las madres a sus hijos
y
un árbol
a su
raíz?

He vuelto
buscando
de los gallos
el *cantío*[47]
he vuelto
al *bojío*[48]
a sembrar *mají*[49]

He vuelto
a vestir
mis harapos viejos
mis zapatos rotos
para pasear

He vuelto
buscando
del anochecer
sus abrazos
su impaciente espera
a mi llegada
sus noches en vela
a mis desvelos
para conversar

[47] *cantío:*
   el cantar

[48] *bojío:*
   bohío,
   choza

[49] *mají:*
   maíz

I've returned!
Amad Mitiernat
I've returned!
I beg
you to forgive me
I don't know how I could have...

Yours
are my footprints
they are yours
hold me
in your arms
hold me
and this way
belonging
to you
and this way
we will wait for
the stormy
nights
stopping time
and
no one could
separate us
ever again

¡He vuelto!
Amad Mitiernat
¡He vuelto!
te ruego
me perdones
no sé cómo pude…

Son tuyas
mis huellas
son tuyas
estréchame
en tu seno
estréchame
y así
a ti
pertenecida
y así
esperaremos
las noches
del temporal
detendremos
las horas
y
nadie podrá
separarnos jamás

To embroider your names
in the linens of the soul

To the Flag

Looking at you is enough
to get my eyes all misty
when you lower your crown
opposite the aching courtship
when you offer your reverent overcoat
slumbering heroes
already eternal
in their cold grave

Patriotism

When you look at the challenging sun
proudly standing in peace or in war

Heroism

Looking at you is enough
to get my eyes all misty
when beaten through the years
a little worn
you watch over the nation constantly

Nationality

Para bordar tus nombres
en los lienzos del alma

A la Bandera

Basta que te mire
y mis ojos se nublan
cuando tu corona bajas
frente al doliente cortejo
cuando ofreces tu abrigo reverente
ilustres dormidos
ya perpetuos
en la tumba fría

Patriotismo

Cuando miras al sol desafiante
dignamente erguida en la paz o en la guerra

Heroísmo

Basta que te mire
y mis ojos se nublan
cuando azotada por los años
un poco raída
a la Patria vigilas permanente

Nacionalidad

Your wounded memories
your glorious stories of honor
will be told by generations

Victories

Betrayals

Selfishness

Triumphs

Pride of races and languages
libertarians to your flagpoles defeated

Oh Flag!
In the linens of the soul
patriots will embroider your names:

Freedom

Nation

Heroine

Loved one

For your rights you reclaim renewed
Never defeated!!!
Never forgotten!!!

Por generaciones contarán
tus memorias heridas
tus historias gloriosas de honor

Hazañas

Traiciones

Egoísmos

Triunfos

Orgullo de razas y lenguas
libertarios a tus astas derrotados

¡Oh Bandera!
En los lienzos del alma
patriotas bordarán tus nombres:

Libertad

Nación

Heroína

Amada

Por tus fueros reclamas renovada
¡¡¡Nunca jamás abatida!!!
¡¡¡Nunca jamás olvidada!!!

When we get old

To Jimmy & Yolanda on their wedding day

—Good evening
ladies and gentlemen
Would you kindly listen to a poem
in good times or in bad times
in light or in shadows
in nauseas or in nuptials?

—Yes!!!

—Miss Spring
would you agree to dance
a waltz in Ozone Park?

—Yes
—And you Mr. Happiness?

—Me
I´d rather dance
a perico ripiao
in *Madre Vieja Sur*[37]

 "…and would you like to get on a
palm bark with me to slide down the hill
and split our sides with laughter
would you always give me
your chocolate laugh"[38]

[37] *Madre Vieja Sur: a neighborhood in San Cristóbal, Dominican Republic*

[38] *Keiselim A. Montás,* Amor de ciudad grande *(New York, 2006)*

Cuando seamos viejos

Para Jimmy & Yolanda en el día de su boda

—Buenas noches
damas y caballeros
¿Aceptan ustedes escuchar un poema
en buenas o en *cuenca*[50]
en sol o en sombras
en nauseas o en nupcias?

—¡¡¡Sí!!!

—¿Señorita Primavera
acepta usted bailar
un vals en Ozone Park?

—Sís

—¿Y usted Señor Felicidad?

—Yo
prefiero bailar
un perico ripiao
en *Madre Vieja Sur*[51]

 "...y tu querrás subirte en un
yaguacil conmigo y soltarnos jalda abajo
y desternillarnos de la risa
me podrás siempre dar
tu risa de chocolate" [52]

[50] cuenca: estar en malas condiciones económicas, (dominicanismo)

[51] Madre Vieja Sur: barrio de San Cristóbal, República Dominicana

[52] Keiselim A. Montás, Amor de ciudad grande (New York, 2006)

—Miss Spring
dance in the arms
of the happiness
awaiting you

Ah when we get old...

—I will hear the music
of your broken laughter
in my aged world

—I will evoke the scent
of your loving voice
among sunflowers and daisies
little flowers planted
in our garden of full summer

—Kept in my
chest of memories:
bites of strawberries
dressed in black chocolate
at the Feast of San Gennaro

My photographs
my tea colored bridal gown and
my bouquet of yellow roses
soaked in champagne

—Yes yes yes yes

When we are old...

—Ah yes

—Señorita Primavera
baile usted en brazos
de la felicidad que aguarda

Ah cuando seamos viejos…

—Escucharé la música
de tu risa quebrada
en mi mundo senil

—Evocaré el olor
de tu voz enamorada
entre girasoles y margaritas
florecitas plantadas
en nuestro jardín de verano pleno

—Guardados en mi
cofre de ayer:
mordiscos de fresas
vestidas de chocolate prieto
en la Fiesta de San Genaro

Mis fotografías
mi traje de novia color te y
mi bouquet de rosas amarillas
maceradas en champagne

—Sí sí sí sí

Cuando seamos viejos…

—Ahhh sí

When we get old...

—Perhaps we will forget
the rainy autumn nights and
our sleepless nights and goodbyes

—How can we forget
our arguments and apologies
and my blooming pregnancies and
our wedding anniversary
in each and every season?

—Ahh and Turco's laughter
—Ahh and my good friends
—Ahh and Jam your fat little cat
—Ahh and your black hair
—Ahh and your brown eyes
—Ahh and your feverish looks
—Ahh and your kisses at the beach

Maria: *"ahh our friendship flourishes*
             like the sunflower"

Marisol: *"ahh and her contagious laugh"*

Lourdes: *"ahh and her obsession for*
             necklaces"

Vanessa: *"ahh and her usual happiness and*
             ready laugh"

Ivelisse: *"ahh and their togetherness in times*
             of Lent"

Ahhh
—And I will show you that true love
never ends not even when we are old!

Cuando seamos viejos...

—Quizá olvidemos
las noches otoñales de lluvia
nuestros desvelos y despedidas

—¿Cómo olvidar nuestros
enojos y desagravios
mi preñez en flor y
nuestro aniversario
en cada estación?

—Ahh y la risa de Turco
—Ahh y mis buenos amigos
—Ahh y tu gordita gatita Jam
—Ahh y tu negrísimo pelo
—Ahh y tus ojos morenos
—Ahh y tus miradas ardientes
—Ahh y en la playa tus besos

María: "ahh nuestra amistad florece
                  como la flor del sol"

Marisol: "ahh y su risa contagiosa"

Lourdes: "ahh y su afán por los collares"

Vanessa: "ahh y siempre feliz con una risa
                  espontánea"

Ivelisse: "ahh y la unión de ambos en tiempos
                  de cuaresma"

Ahhh
—¡Y te voy a demostrar que un buen amor
nunca termina ni aun siendo ya viejos!

...and I laughing

They all began
talking seriously
during the *Month of Carmen*
exhausting pretenses
not all of them had been able
steadily look at each other
I was listening to the conversation
laughing behind a mountain
before the sun began to heat up
I begged them to turn back
my anxiety
my dismay
my uneasiness
my suspense
I asked them to give me
my desperation
weeping for the dead
that were alive and had the audacity
to ask for a ransom for their popularity
and I was laughing
and laughed
and I laughed
at the ignorance and of their
indifference to Momentum

...y yo riéndome

Todos comenzaron
a conversar seriamente
durante el *Mes del Carmen*
agotando poses
no todos habían podido
mirarse fijamente
yo escuchaba la conversación
riéndome detrás de una montaña
antes que el sol calentara
les rogaba me fueran devueltas
mi intranquilidad
mi consternación
mi desasosiego
mi incertidumbre
pedía que me dieran
mi desesperación
lloraban a los muertos
que estaban vivos y tenían la gracia
de pedir rescate por su popularidad
y yo me reía
y reía
y me reía
de la ignorancia y de su
indiferencia al Momentum

and me laughing
having veins of almonds for breakfast
thinking of what my lunch and supper
would be:
Garlic Centenary Balls
distracted
I was wrong
my menu was going to be:
Defeated Millenary Bullets
the candles extinguishing my bile
almost killing me
and me
laughing
and children were dying from hunger and cold
and the animals walked days on end
to bring them a piece of bread
and a blanket
and me
laughing
while their manna was:
Melted Gunpowder ala Uncompassionate Rancor
and me laughing at the tongue twister
and me laughing
and the rivers already had beaches and chairs
and sewing machines
and broken suits
and hypodermic needles
and areas of pollution
and prescriptions were coughing
dressed in death
and me

y yo riéndome
desayunaba con venas de almendras
pensando en lo que sería
mi almuerzo y mi cena:
Bolas Centenarias al Ajillo
muy quitada de bulla[53]
me equivocaba
pues mi menú sería:
Balas Milenarias a la Derrota
las velas se consumían y mi bilis
casi me mataba
y yo
riéndome
y los niños se morían de hambre y de frío
y los animales caminaban días enteros
para llevarles un trozo de pan
y una frazada
y yo
riéndome
mientras su maná era:
Pólvora Fundida al Rencor Inmisericorde
y yo riéndome del trabalenguas
y yo riéndome
y ya los ríos tenían playas y sillas
y máquinas de coser
y trajes rotos
y agujas hipodérmicas
y focos de contaminación
y las recetas tosían
en filas amortajadas
y yo

[53] *muy quitada de bulla: distraída*

laughing
I hadn't realized
that their stores and trees
were melting from suffering
that stones too
had colors in their hearts
that their indolent ones loved too and
that while crying they promenaded
on the avenue by the ocean
and I even saw their eyes under the water
and me
laughing... laughing
meanwhile
airplanes had already grown in my garden
and the boys were great-grandparents
and I had already spent
two hundred years laughing
I didn't know it
and me
laughing
of such trivial things!
and me
laughing
when I was already a corpse
I then started to play:
should I laugh should I not laugh
should I laugh should I not laugh
should I laugh should I not laugh...

It was already the 2nd of November
and me
laughing

riéndome
no había advertido
que sus tiendas y sus árboles
se derretían de sufrimiento
que las piedras también
tenían colores en el corazón
que sus indolentes amaban y
se paseaban llorando
por el malecón
y hasta me topé con sus ojos bajo el agua
y yo
riéndome... riéndome
a todo esto
ya los aviones habían crecido en mi jardín
y los muchachos eran bisabuelos
y yo había ya cumplido
doscientos años riéndome
no lo sabía
y yo
riéndome
de ¡esas cosas tan triviales!
y yo
riéndome
cuando ya yo era un cadáver
fue entonces que empecé a jugar:
me río no me río
me río no me río
me río no me río...

Ya era el 2 de noviembre
y yo
riéndome

The Day of Saint John arrived
when all the tables
were dressed in white
and all the altars were
dedicated in petitions
I then realized
that all the painters had written
the same poem
and me laughing and laughing I cried and
paid dearly for my indifferent laughter…

Llegó el Día de San Juan
cuando todas las mesas
vestían de blanco
y todos los altares estaban
dedicados en peticiones
me di cuenta entonces
que todos los pintores habían escrito
el mismo poema
y yo riéndome y riéndome lloré y
lloré caro mi desgajo…

Every day

The Evening returns
flowers are picked from a garden

Lovers long for a kiss
denying the longed for words
they don't show up for the date

They cover their tracks
the innocent one weeps his misfortune
adversity triumphs

Body heat fades
cries
are heard
registered in history
cries
that are not heard
cries
of sudden craziness
there are clouds
well
Every day the sun comes out!

Todos los días

Regresa la Tarde
cortan flores de un jardín

Suspiran los amantes por un beso
niegan las palabras anheladas
no acuden a la cita

Borran las huellas
llora el inocente su desdicha
triunfa el infortunio

Se ahoga el calor humano
se escuchan
gritos
registrados en la historia
gritos
que duermen de espaldas
gritos
despachos de locura
hay nubarrones
bueno
¡Todos los días sale el sol!

Let us say

Don't speak to me of
tragedies or punishments
tell me of
returns and embraces

Let us say:
All the pathways are filled with dew!

Enunciemos

*N*o me hablen de
tragedias ni castigos
cuéntenme de
retornos y abrazos

Enunciemos:
¡Todos los caminos están llenos de rocío!

Index

[27] cigua palmera: national bird of the Dominican Republic, 120

[28] cabañuela: formerly, method of forecasting the weather, 120

[29] La Estancia: small village in the mountains, Dominican Republic, 124

[30] "Arroz con leche se quiere casar...": literally, "Rice pudding wants to get
married...", popular folk song, 128

[31] Alto de los Uvaldo: small hill behind the grandparent's backyard, 128

[32] Cabo de Año: tradicional festivity (ritual) with palos in memory of a deceased, 128

[33] Palos and Balsié: musical instruments (mainly drums) native of the
Dominican Republic, 128

[34] granadillo: fruit, 128

[35] filitrines: kids; term used by the grandmother to address grandchildren, 128

[36] jobo: fruit, 142

[37] Madre Vieja Sur: a neigborhood in San Cristóbal, Dominican Republic, 156

[38] Keiselim A. Montás, <u>Amor de ciudad grande</u> (New York, 2006), 156

Índice

[29] cantero: fila de tierra donde se cultiva la hortaliza, 119

[30] zapote: fruta, 119

[31] yagua: hoja seca y dura del árbol de la palmera, 119

[32] carrao: especie de cuervo, ave dominicana de plumaje negro, 119

[33] cigua palmera: ave nacional de la República Dominicana, 121

[34] cabañuela: anteriormente, modo de pronosticar el tiempo, 121

[35] zaguán: galería, entrada de la casa, 125

[36] lechoza: fruta, 125

[37] La Estancia: pueblo pequeño en la montaña, República Dominicana, 125

[38] "Arroz con leche se quiere casar...": canción popular folklórica, 129

[39] Alto de los Uvaldo: pequeña colina al fondo del patio de los abuelos, 129

[40] Cabo de Año: fiesta tradicional (ritual) de palos, en honor a un fallecido, 129

[41] Palos y Balsié: instrumentos musicales (tambores), autóctonos de la
República Dominicana, 129

[42] granadillo: fruta, 129

[43] filitrines: término usado por la abuela para dirigirse a sus nietos, 129

[44] techo de zinc: techos de láminas de metal, 137

[45] pulpería: bodega, colmado, tienda de abarrotes y comestibles, 137

[46] jobo: fruta, 143

[47] cantío: el cantar, 149

[48] bojío: bohío, choza, 149

[49] mají: maíz, 149

[50] cuenca: estar en malas condiciones económicas, (dominicanismo), 157

[51] Madre Vieja Sur: barrio de San Cristóbal, República Dominicana), 157

[52] Keiselim A. Montás, _Amor de ciudad grande_ (New York, 2006), 157

[53] muy quitada de bulla: distraída, 165